# SCHIRMER'S LIBRARY
## OF MUSICAL CLASSICS

Vol. 2005

# JOHANNES BRAHMS

## Hungarian Dances

### For Piano

**Complete**
(Books I - IV)

T0053145

First printing: December 1994

ISBN 0-7935-4108-5

# G. SCHIRMER, Inc.

DISTRIBUTED BY

**HAL•LEONARD®**
CORPORATION

7777 W. BLUEMOUND RD. P.O. BOX 13819 MILWAUKEE, WI 53213

# HUNGARIAN DANCES

## Book I

Revised and fingered by
*William Schurfenberg*

JOHANNES BRAHMS

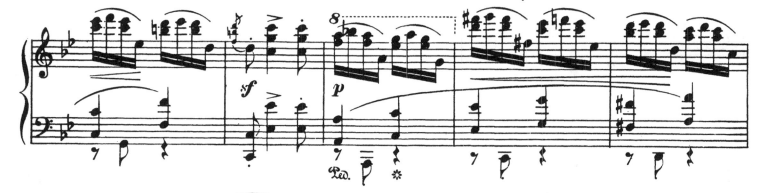

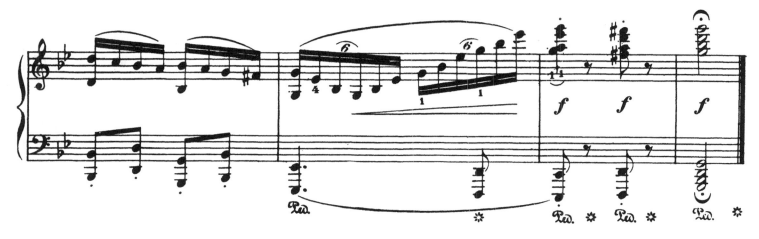

Allegro non assai

2.

sempre con passione

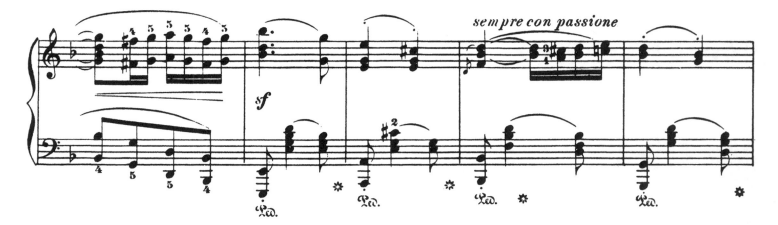

poco rit.

Vivace

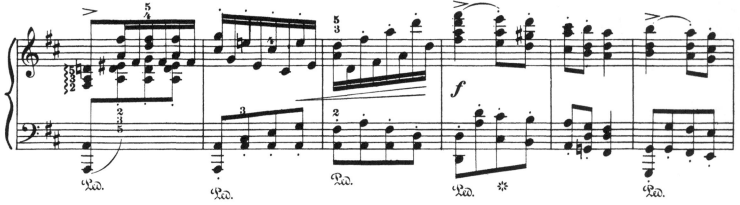

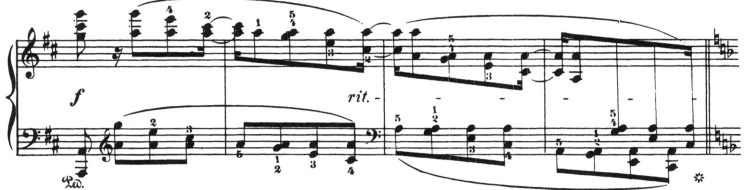

**Vivace**

**poco sost.**

**a tempo**

Allegretto

3.

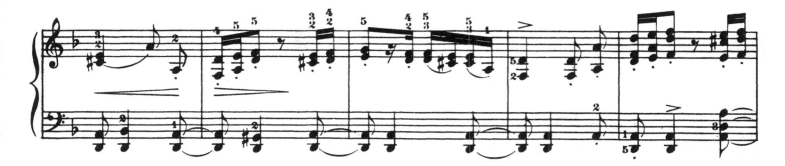

**Poco sostenuto**

*la melodia f ed espress.*

4.

18

Molto Allegro

Da Capo sin al Fine

**Allegro**

*f passionato*

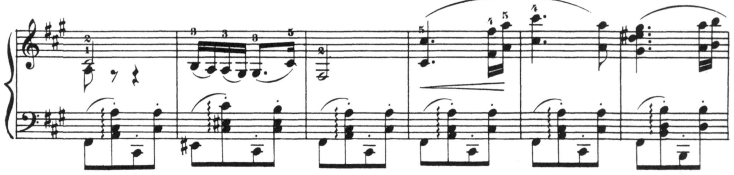

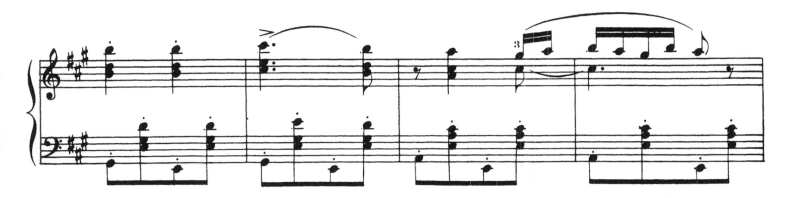

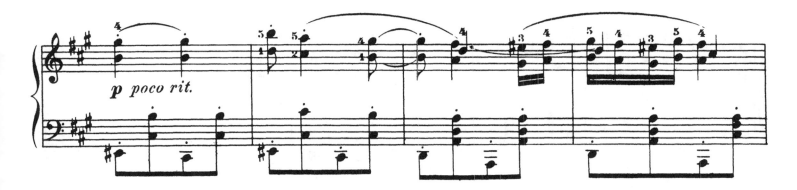

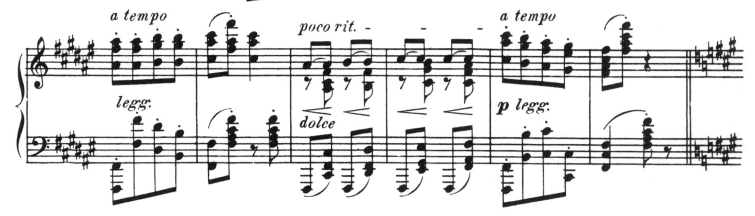

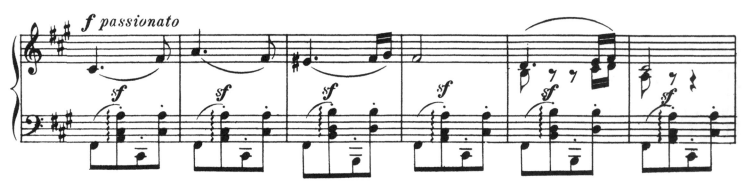

# Book II

**Vivace**

6.

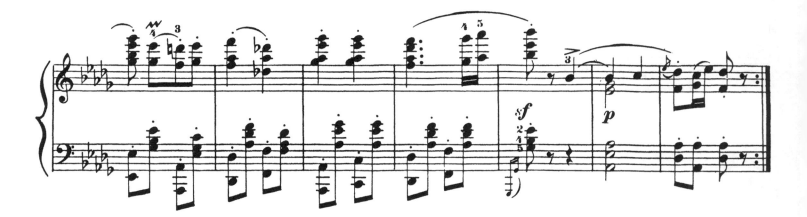

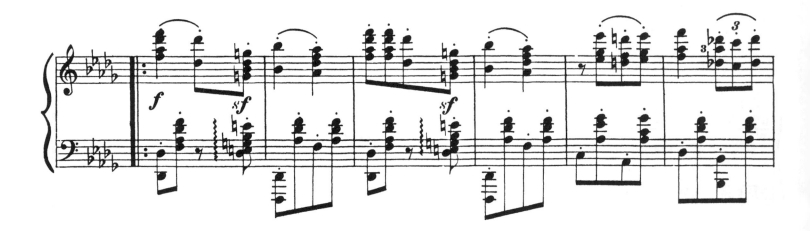

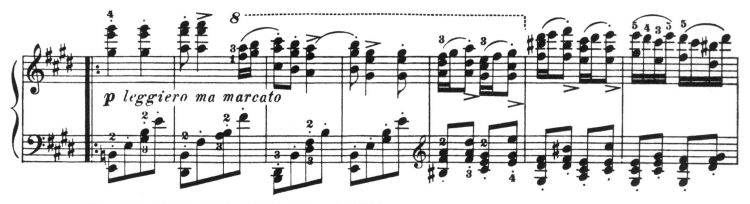

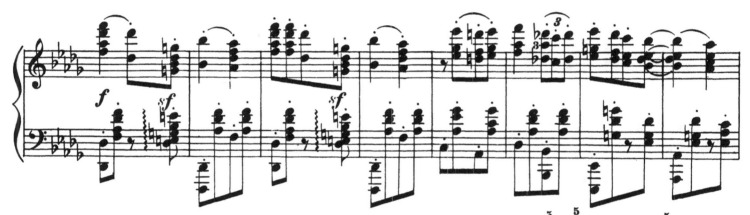

Allegretto vivace

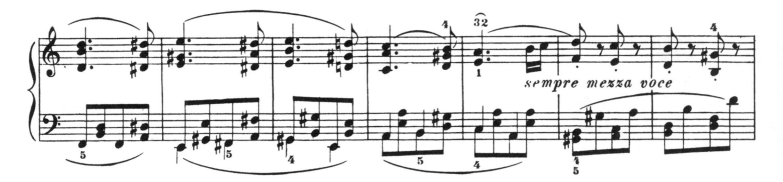

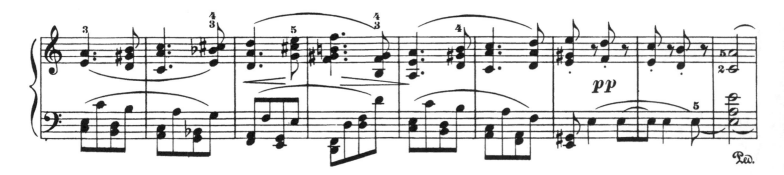

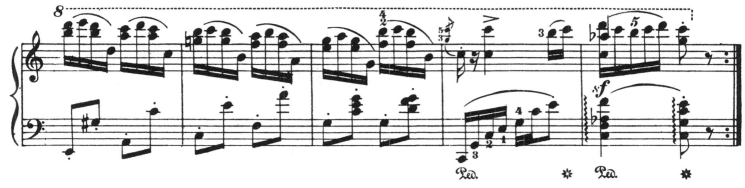

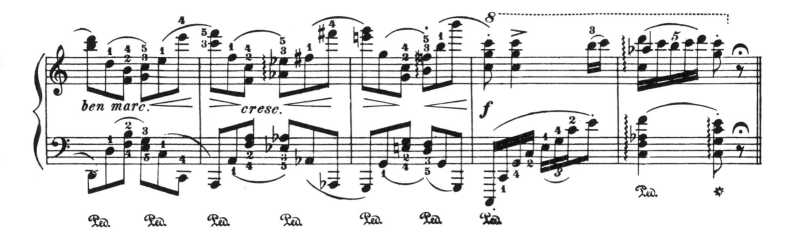

Allegro

9.

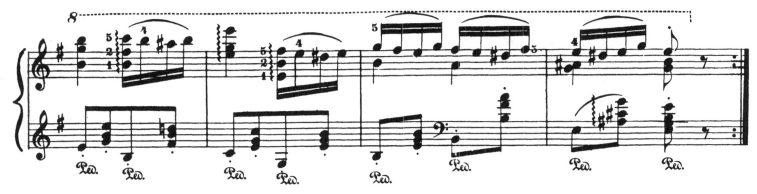

Poco sostenuto

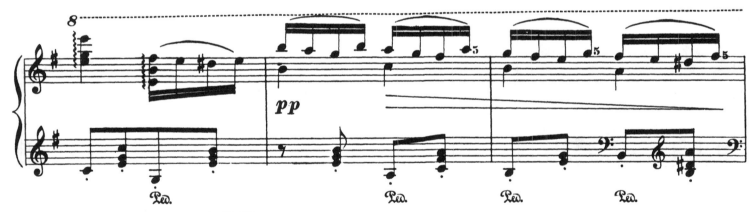

Presto

**10.**

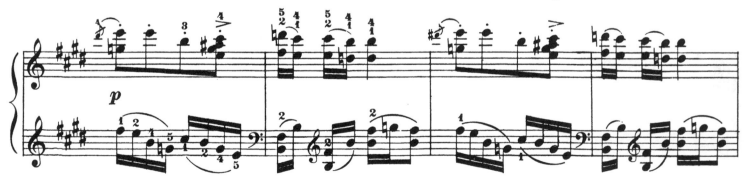

poco sost.                              p a tempo

poco sost.                    f a tempo                    sf

p

sf                                sf

p

sempre più presto

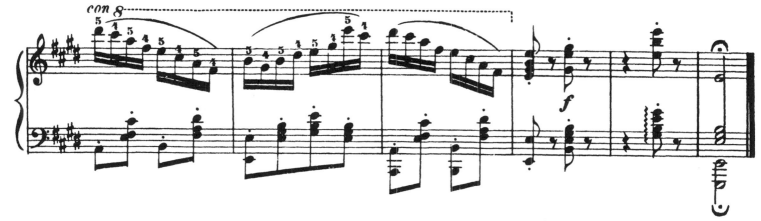

# Book III

Poco Andante

11.

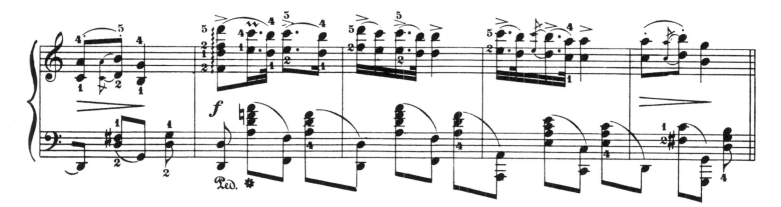

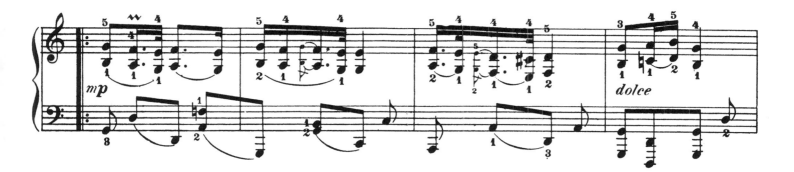

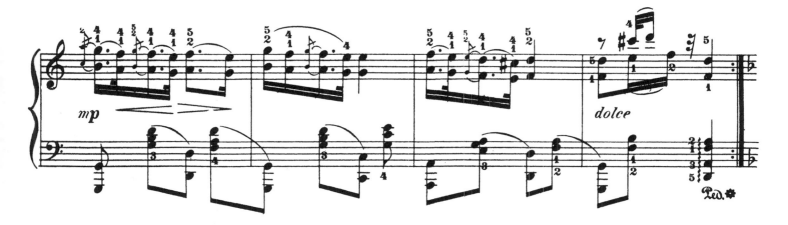

44

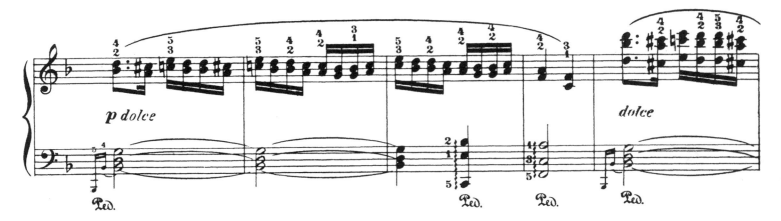

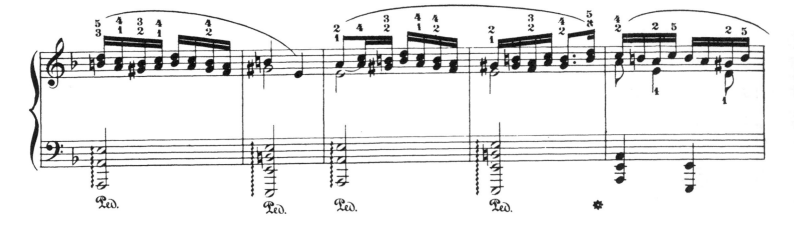

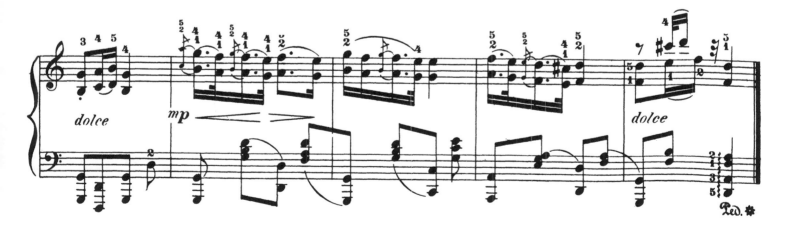

**12.**

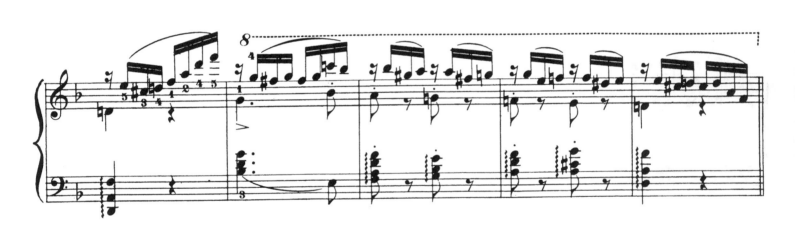

Poco meno presto

Andantino grazioso

13.

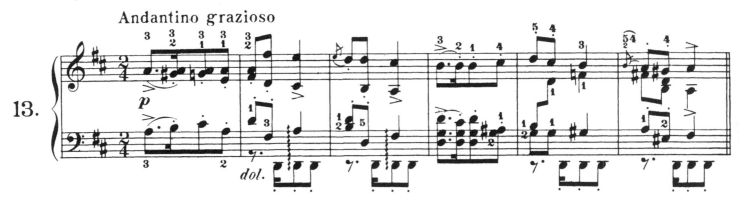

Vivace

53

Andantino grazioso

Un poco Andante

14.

**Allegretto grazioso**

**15.**

**Con moto**
*espress.*

16.

*poco f*

**Presto**

*poco a poco cresc.*

*f*

*p dim.*

**Poco meno presto**

*p*

Poco animato

*) This passage is rhythmically performed:

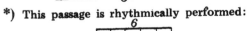

 etc.

Presto

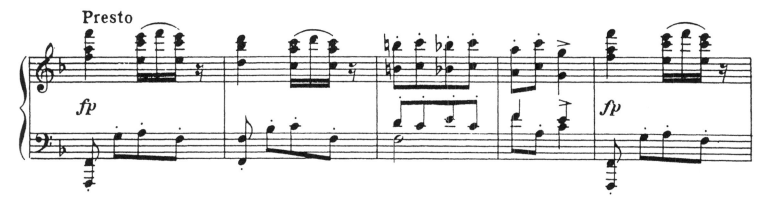

17.

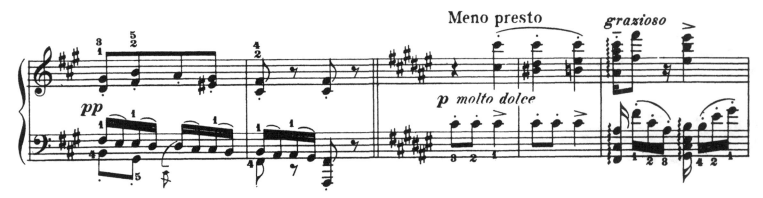

Vivace

Molto vivace

18.

Allegretto

19.

sost. un poco

in tempo

sost. un poco

in tempo

**Più presto**

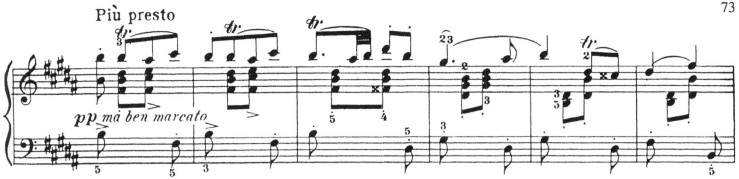

**Allegretto**

**20.** Allegretto
*espress.*

75

Tempo I

**Vivace**

21.

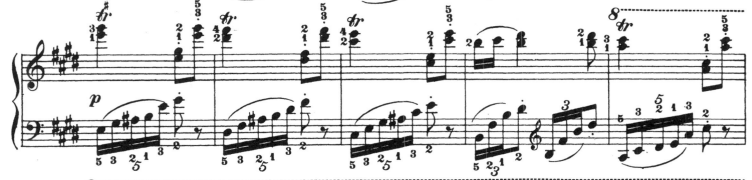

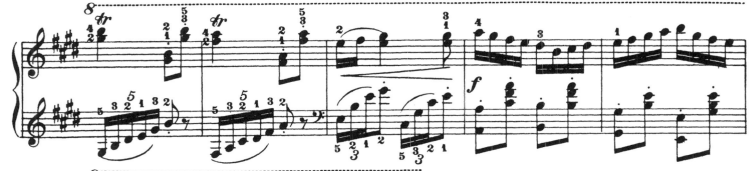